| 강여울 | 풀씨처럼 | 6 |

그리움 다섯,
그리움 일곱

오혜령 · 영성묵상기도집

오혜령 영성묵상기도집
| 강 여 울 | 풀 씨 처 럼 | ⑥
그리움 다섯, 그리움 일곱

ⓒ 도서출판 이유 2003

글쓴이 · 오혜령
펴낸이 · 김래수

초판 인쇄 · 2003. 11. 25
초판 발행 · 2003. 11. 30

기획 · 정숙미
편집 · 김성수 · 한진영
북디자인 · N.com (749-7123)
문해, 제판 · 성광사 (2272-6810)
인쇄 · 청송문화인쇄사 (2676-4573)

펴낸 곳 · 도서출판 이유
주소 · 서울특별시 동작구 상도5동 103-5 성은빌딩 3층
전화 · 02-812-7217 팩스 · 02-812-7218
E-mail · eupub@hanafos.com
출판 등록 · 2000. 1. 4 제20-358호

ISBN 89-89703-40-9 04230
ISBN 89-89703-34-4(세트)

● 저자와의 협의하에 인지를 생략합니다.
● 이 책에 실린 글의 저작권과 출판권은 도서출판 이유에 있습니다.
  저작권법에 보호받는 저작물이므로 영상이나 활자 등 어떤 경우에도
  도서출판 이유의 서면 동의없이 무단 전재나 복제를 금합니다.

|강여울|풀씨처럼| ⑥

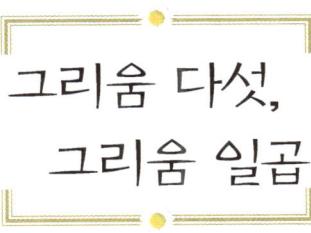
그리움 다섯,
그리움 일곱

오혜령 · 영성묵상기도집

| 서 | 시 |

당신 힘과 견줄 것 없사와

위대하시고 거룩하신
아버지 하나님,
당신 없이는
아무 일도 일어나지 않습니다
당신의 뜻 없이는
아무것도 알려지지 않습니다
당신 이외에는
아무도 없습니다
이 세상 어느 것도
당신의 힘과
견줄 것이 없습니다
당신의 영광 앞에는
모든 것이 무색하며
당신의 영광 이외엔
값진 것이 없습니다

아버지 하나님,
당신은 제 스스로
무엇을 해야 한다는 강박에서
해방시켜 주셨습니다
제 안에 있는 것을
제 힘으로 고쳐야
한다는 압박에서
자유하게
해 주셨습니다
진심으로
감사드립니다

사랑이 풍성하신
하나님,
사람은 자기가

가지고 있는 것,
자신이 획득한 것,
자기가
한 일에 의해서가 아니라
오직
사랑할 줄 알게 됨으로써
변화에 도달할 수 있음을 믿습니다
제 자신의 그림자와
대결함으로써
끊임없는 저와의 격투를 통하여
당신을 만나는
놀라운 체험을 하게 해 주신 것을
무한히 감사드립니다

온전히 나 자신이 됨으로써
존재가 변형되는
은총을 누리게 해 주옵소서
이 한 달도
성령께서 제 안에

현존하셔서

제 영을 맑고

깨끗하고 거룩하게

정화시켜 주시고

빛으로 이끌어 주시어

한 순간도

생각이 산만해지지 않고

오직

당신께로만

집중될 수 있도록

강복해 주옵소서

아멘

그리움 다섯, 그리움 일곱

서시 · 당신 힘과 견줄 것 없사와

1일 · 당신 안에 영혼의 닻을		10
2일 · 뜻을 합하여		13
3일 · 아름답게 조형되어		18
4일 · 손가락 하나 까딱하지 않으면서		22
5일 · 기쁨밥 한 상		27
6일 · 조금만 더 알게 된다면		31
7일 · 한 여울 강물로		34
8일 · 당신이 오시면 비로소		39
9일 · 우리가 용서해 주면		44
10일 · 바람이여, 바람이여		47

11일 · 내 삶의 앞뜰에 폭풍이 몰아쳐도	52
12일 · 이 어인 특권이옵니까	56
13일 · 뉘 있어	60
14일 · 유년의 슬픔은 기억나지 않아요	65
15일 · 인생이라는 전쟁터에서	70
16일 · 사랑이신 까닭에	74
17일 · 그리움 다섯, 그리움 일곱	79
18일 · 마음의 껍질을 벗기는	83
19일 · 흥겨운 천국잔치	88
20일 · 낯설다 하지 말게	92
21일 · 오직 믿기만 하면	95
22일 · 맛 없고 간 없어	99
23일 · 이 마지막 사람에게도 당신에게 준 만큼	103
24일 · 저희가 도대체 무엇이길래	108
25일 · 호젓한 곳에서 오붓하게	111
26일 · 사랑은 모든 것을 치료합니다	116
27일 · 오늘이 어제도 되고, 내일이 오늘도 되네	120
28일 · 흘러넘치는 덤의 노래	125
29일 · 존귀한 남루	131
30일 · '하나님의 것'이 되는 복	136
· 성경 찾아보기	143

6월 1일 June

♣ 주님, 주님께서는 신실한 사람에게는
주님의 신실하심으로 대하시고,
흠 없는 사람에게는 주님의
완전하심을 보이시며 (시 18:25-27)

당신 안에 영혼의 닻을

오 하나님,
마음이 하나가 될 수 있을까요?
하루에도 몇 번씩 갈리는 이 마음이
과연 한마음이 될 날이 올까요?
마음이 온전히 맑아질 수 있을까요?
하도 자주 흐려 눈물로 씻어낼 수밖에 없는
이 더러운 마음이
정녕 맑아질 날이 올까요?
밝은 마음, 신실한 마음,
한결같은 마음 갖고자
애태우며 몸부림칩니다

오 하나님,
당신을 향한 갈증을
그대로 당신께 보여 드리는 마음,
참 하나님을 왜곡시키는
잘못된 표상들로부터 자유로운 마음,
당신만을 위해 모조리 비워
오직 성령께서 다스리시는 마음,
순수하고 흠 없고 구겨지지 않은
사랑의 마음, 이런 맑은 마음을 주십시오

오 하나님,
당신께로 정향된 그리움과
내적 혼돈으로부터의 자유를 거쳐

당신 안에 영원히
영혼의 닻을 내리고 싶습니다
자신이 누구인가 계속 물어
인생의 주역을 포기하게 해 주십시오
그리하여 당신께서 만드신
참된 자아를 만나게 해 주십시오

오 하나님,
형제에 관하여 끊임없이 말하고 있는
저희 마음을 침묵하게 해 주십시오
저희 자신과 함께 있지 못하게 하는
비판하는 마음을 도려내 주십시오
깨끗한 마음으로 당신을 바라며
완전함을 추구하여
당신 안에 닻을 내린 제 영혼이
끝내 마음의 평안을 누리게 해 주십시오 †아멘

6월 June 2일

♣ 여러분은 같은 생각을 품고,
 같은 사랑을 가지고, 뜻을 합하여
한마음이 되어서, 내 기쁨이
 넘치게 해 주십시오. (빌 2:1-3)

뜻을 합하여

아버지,
오늘은 저희 집 딸들에 관한
고민을 말씀드리겠습니다
기른 정이 낳은 정보다 훨씬 깊은 것 같습니다
친딸들을 가진 엄마들보다
제가 훨씬 더 딸들에게 빠져 있으니까요
애들 중에는 생모가
아직 살아있기도 합니다만
거의 만나지 않아서
오히려 모녀들간에 서먹서먹해합니다
믿음 안에서 사랑으로 낳는다는 것,

무슨 뜻인지 조금씩 이해가 됩니다
그런데, 큰일났습니다
아직 시집가지 않은 딸들의
첫번째 결혼 조건이
영혼의 어머니인 저를
잘 섬겨 주어야 한다는 것입니다
이것 때문에 계속 성사가 되지 않습니다
아무리 말려도 막무가내입니다
모두 친정 곁에 살고 싶다는 것입니다
시집은 가고 싶은데
제 곁에서
떨어지고 싶지는 않은 거지요
사랑 때문일까요? 두려움 때문일까요?

아버지,
억지로 정을 뗄 수도 없고 어떡하죠?
누가 시켜서 하라면 하루도 못할 거예요
쥐꼬리 용돈 모아
쇠꼬리로 제게 갖다 바칩니다

분명히 뇌물은 아니고 선물도 아닙니다
가진 것 전부를 주고 또 주니까요
더 못 주어서 한이니까요
제가 어쩌다가 좀 더 얹어 주면
고스란히 그게 돌아옵니다
거의 경쟁하다시피 합니다
서로 더 많이 주려고
혈안이 됐습니다
제가 안 받으면 삐지고 토라져
할 수 없이 받다보니
저는 점점 천국과 멀어지고 있습니다

그런데요, 아버지,
저에게만 다 쏟아 붓지
형제들끼리는 친구가 아니라
완전히 살벌한 경쟁자들이에요
누가 더 저와 가까운 것 같으면
괴로워하며 끙끙 앓지요
매일 한 시간씩 기도하고

수도자들처럼 성경 읽고 살면서도
서로서로는 사랑의 위로, 격려의 말,
그리고 교제의 시간이 없어요
동정심과 자비도 없습니다
다만 엄마인 저를 사랑하고
저에게서 사랑을 받아 내는
소원 하나뿐이에요

아버지,
이 아이들이
같은 생각을 품고 같은 사랑으로
뜻을 합하여 한마음만 된다면
여긴 곧 천국이 될 거예요
자기보다 서로 남을 낫게 여기는
마음을 가졌다면
여긴 벌써 천국이 되었을 거예요
사랑하는 사람을 독점할 수 없고
또 충만히 사랑할 수 없으니
형제가 사랑하면 그것을 기뻐하는 게

진정한 사랑이 아닐까요?
자기가 사랑하는 사람을
다른 이들도 열렬히 사랑하면
더 큰 기쁨이 되는 것 아닐까요?
오늘밤, 기도시간에
아버지께서 각자에게 말씀 좀 해 주세요
"얘야, 너희 엄마의 기쁨은
너희들끼리 사랑하는 거다.
그리고 무슨 일을 하든지
겸손한 마음으로 하고
부디 뜻을 합하여 한마음이 되거라." † 아멘

♣ 모든 성도와 함께, 그리스도의
사랑의 넓이와 길이와 높이와 깊이가
어떠함을 깨달을 수 있게 되고,
지식을 초월하는 그리스도의 사랑을
알게 되기를 빕니다. (엡 3:14-19)

6월
June
3일

아름답게 조형되어

영광의 하나님, 사랑의 아버지,
당신 신비의 체험을 통하여
그리스도화 되는 은총을
누리게 하옵소서
저희가 바라는 대로가 아니라
당신의 뜻에 따라
저희에게 필요한 것만을
은총으로 내려 주옵소서

능력의 하나님, 자비의 아버지,
당신을 믿는 믿음을 통하여

그리스도의 사랑을 알게 하옵소서
저희의 선을 위해 청원하는 내용들을
거절하시는 뜻을 알게 하시고
거절의 응답 속에서도
영혼이 자람을 깨닫게 하옵소서

지혜의 하나님, 온유의 아버지,
당신의 시간표 안에서
당신의 계획이 이뤄지이다
당신께서 원하시는 때에
당신이 완성하셔야 할 것을
온전히 이룩하옵소서
저희는 한낱 도구,
주인이신 당신의 손에 알맞게
아름답게 조형되어
쓰임 받기만을 열망하오니
쓸모없는 연장이오나
버리지 말아 주옵소서
끝까지 써 주옵소서

숨으시고 은밀히 일하심으로
온전히 없음의 실존을 살아 내시는 성령 하나님,
성부의 창조와
성자의 사랑과 치유를 도우시며
존재를 변형시키고 계신
당신의 희생과 위업을 칭송합니다
당신 없이는
아무것도 할 수 없는 저희들에게
겸손하게 오셔서
열매를 맺게 하시고
은총의 선물도 주시며
내적 인간으로 조금씩 성장하도록
힘을 북돋아 주심에
깊은 감사를 드립니다

당신의 생각과 뜻과 주장까지 모두 버리시고
자기부정의 길을 걸으신 성자 하나님,
그 일편단심의 믿음과
위탁과 헌신의 삶을 기리오며

영예를 드립니다
허물 많은 죄인들을 완전케 하시고
거룩하게 해 주시고자
쉴새없이 중보하시며
내적 자극과 감동을 통하여
한 인간으로 세워 주시오매
무한한 감사를 드립니다
아직도 사랑의 본질에 관하여 모르고
구원의 의미도 모르는 무죄한 저희들을
버리지 않으시고 붙들어 주시오며
스스로 깨달을 때까지
지켜보고 계심을 감사합니다
당신을 무한정 기다리시도록 하는
어리석음을 범하지 않게
인도해 주옵소서 † 아멘

6월
June
4일

♣ 그러나 그들이 말하는 것은
다 실행하고 지켜라. 그러나 그들의
행실은 본받지 말아라. 그들은 말만
하고 실행하지는 않는다. (마 23:1-12)

손가락 하나 까딱하지 않으면서

위선자를 책망하시는 주님,
저희는 꾸지람을 들어 마땅합니다
두 가지를 잘못하고 있는
이 위선자를 용서해 주시옵소서
하나는 위선자라고 생각하지 않는
죄를 저지르고 있습니다
다른 하나는 책망 받기를 싫어하는
죄를 짓습니다
이래저래 악에서 선으로 건너가지 못하고
악하면서 선한 척하는 죄를 짓고 있사오니
이 위선자들을 구원해 주시옵소서

오 주님,
입으로는 좋은 말만 하고
실행하지 않는 위선자들입니다
실천하지 않으면서
곧 실천할 것이라고
큰소리만 치는 위선자들입니다
마음에는 악이 가득하면서도
겉으로는 혼자 착한 척하는 위선자들입니다
좋아하지도 않으면서 좋다고,
하기 싫으면서도 하고 싶다고 말하는

구역질나는 위선자들입니다
오 주님,
이 위선자들을 용서해 주시옵소서
경건한 신앙의 겉옷 아래 숨겨진
위선을 제거해 주시옵소서

위선자에 대해 꾸짖으시는 주님,
저희는 책망을 들어 당연합니다
자신의 잘못은 덮어 놓고
형제의 잘못을 폭로하는 위선자들이니까요
뻔히 잘못된 것인 줄 알면서도

형제를 두둔하는 것처럼
그 불의와 죄악 앞에서
침묵을 하는 위선자들이니까요
형제보다 더 바람직한 삶을 영위하는 듯
형제들을 비난함으로써
자신을 들어 높이는 교활한 위선자들이니까요
거짓을 일삼는 자신을 무마하기 위하여
허위 속에 허우적거리는
형제의 편을 드는 위선자들이니까요
빛이 우리 삶 가운데 있는
거짓된 겉치레를 드러낼까 봐 두려워
아직도 삶의 어떤 자리에서는
빛을 받아들이지 않는 위선자들이니까요

오 주님,
형제에게 힘든 일은 시키고
자신은 쉬운 일만 골라 하는 위선자들입니다
어쩌다가 한 번 선한 일을 할라치면
사방팔방 떠벌이며

남에게 보이기 위한 자기과시를 하는
위선자들입니다
으뜸가는 사람이 되려면
섬기는 사람이 되어야 한다고 말하면서
가장 높은 자리를 찾으며
섬김 받는 사람이 되려고 하는
위선자들입니다
주님,
위선의 옷을 입은 이 죄인들을
용서해 주시옵고
그럴 듯한 신앙의 겉옷 아래 숨겨진
최악의 위선을 도려내 주시옵소서　†아멘

| 6월
| June
| 5일

♣ 주님께서 나의 마음에 기쁨을 가득 채워 주셨습니다. 이제 나는 주님 앞에서 얼굴을 들 수 있습니다. 원수들 앞에서도 자랑스럽습니다. 주님께서 나를 구하셨으므로, 내 기쁨이 큽니다. (삼상 2:1)

기쁨밥 한 상

주님, 저는 요즘 비빔밥 요리법
한 가지를 창안했습니다
이미 눈치채셨으리라 믿습니다
비빔밥에 얹을 나물들을 무치면서
입맛을 돋굴 새 요리법은 없을까
항상 궁리하고 있었지요
비빔밥을 만드는 저는 물론
그것을 먹는 가족들도
감칠맛을 느낄 수 있는
색다른 조리법은 없을까
늘 연구하고 있었지요

주님, 드디어 당신께서 제게
반짝 빛나는 생각을 넣어 주셔서
기발한 착상을 실행하게 되었어요
진심으로 감사합니다

먼저 당신 생각으로 설레고
울렁거리는 마음으로
앞치마와 머릿수건을 씁니다
당신을 향한 그리움,
당신께 품은 연모의 정,
당신을 뵙고 싶은 열망을
조미료로 준비합니다
영혼의 그윽한 곳에서 솟구치는
'모든 것 드리고 싶은 열정'을

파 대신 송송 썰고
'알알이 맺힌 몰입'을
마늘 대신 짓찧습니다
'오직 하나만을 위한 일념'이란 물을
사랑의 용광로로 삼아
야채를 살짝 데칩니다
'당신 안에 하나되어 누릴
평안의 기름'을,
'유머 만점인 기지와 해학이라는
깨소금과 후추가루'를,
붓고 뿌립니다
'기쁨과 미소라는 소금'으로
골고루 무치며 볶으며
삶으며 뒤집으며
맛깔스럽고 정갈한 나물들을 만들어 냅니다
보기만 해도 군침 돌아 입맛다신 후
'눈동자처럼 여기는 정성'으로
계란을 부쳐 밥 위에 올려 놓습니다

주님,
"무엇을 하든지, 먹든지 마시든지
그리스도의 영광을 위하여",
이 말을 이제 이해할 수 있습니다
천하디천한 저를
참혹한 죄에서 구원하신 당신이시온데
어찌 당신 영광을 위하여 살아가지 않겠습니까?
고개를 들 수 없는 한 죄인으로 하여금
얼굴을 들게 해 주셨으니
감격이라는 눈물을 그 비빔밥에 떨어뜨리며
'감사라는 국물'과 함께
맛있게 먹게 되었습니다
온 존재가 당신 앞에서 기쁨으로 타올라
꿀맛인 '기쁨밥'을 어느새 다 삼키고 말았습니다.
기쁨 한 상 차려 주신 주님,
감사합니다 †아멘

6월
June
6일

♣ 너희에게는 하늘나라의 비밀을
  아는 것을 허락해 주셨지만,
  다른 사람들에게는 그렇게 해 주지
  않으셨다. (마 13:10-17)

조금만 더 알게 된다면

주님,
오늘도 비유로 들려 주십니까?
이해하기 쉽고 알아듣기 좋은
단순한 비유로
하늘나라를 설명해 주시렵니까?
하오나 저희는 듣고 또 들어도
알아듣지 못합니다
그 옛날 당신이 제자들에게 내려 주신
특권을 받고 싶습니다
하늘나라의 신비를 깨달을 수 있는
특은을 내려 주옵소서

주님,
오늘도 기적을 보여 주십니까?
볼 수 있고 알아차릴 수 있는
초자연적 능력으로
하늘나라를 가르쳐 주시렵니까?
하오나 저희는
보고 또 보아도 알아 보지 못합니다
그 옛날 당신의 제자들에게 주신
영안을 선물로 주옵소서
당신의 말씀을 빨리 알아들을 수 있는
귀를 주시옵고
당신의 현존을 즉시 알아차릴 수 있는
눈을 주옵소서
듣는 귀와 보는 눈을 가진 참 행복을
누리게 해 주옵소서

하늘나라이신 주님,
당신을 더욱 더 알고 싶습니다
한층 더 깊이 알고 싶습니다

자세히 속속들이 앎으로써
풍성하게 사랑하고 싶습니다
아직 조금밖에 모르면서도
당신을 이토록 사랑하고 있는데
조금만 더 알게 된다면
얼마나 더 뜨겁게 사랑할 수 있겠습니까?
이 세상에서 이루고 싶은
가장 큰 소원이 있다면
당신을 아는 지식과 당신을 경외하는 지혜,
그리고 당신을 섬기는 사랑입니다
올바로 알아 보고 제대로 듣고
확실히 깨달을 수 있는 은총을
부어 주옵소서   †아멘

♣ 그 때에 갑자기 세찬 바람이
   부는 듯한 소리가 하늘에서 나더니,
그들이 앉아 있는 온 집안을
             가득 채웠다. (행 2:1-4)

한 여울 강물로

아름다움으로 오신 성령 하나님,
오늘 저희 마음에
한 송이 탐스런 꽃으로 피어나옵소서
세월이 흘러가도 지지 않고
오히려 더 개화되는
한 송이 꽃으로 피어 계시옵소서

흘러넘침으로 오신 성령 하나님,
오늘 저희 가슴에
한 송이 작열하는 불꽃으로
빛나옵소서

시간이 바뀌어도 사위지 않고
차라리 더 타오르는
한 송이 불꽃으로 태우시옵소서

물처럼 오신 성령 하나님,
오늘 저희 영혼에 한 여울로 흐르시옵소서
계절이 바뀌어도 줄기차
오히려 산을 삼키는
한 여울 강물로 흘러넘치시옵소서
바람으로 오신 성령 하나님,
오늘 저희 존재에

한 줄기 바람으로 스며드시옵소서
절기가 변해도 끊임없이 불어
차라리 열풍이 되고 마는
한 줄기 바람으로 오시옵소서

혀로 오신 성령 하나님,
오늘 저희 입에 한 덩이 혀를 채우시옵소서
말문이 막혀도 그것을 뚫어
오히려 하늘의 노래가 되는
한 마디 언어를 선물하시옵소서
기도로 위로 오르고
사랑으로 옆으로 퍼지고
삶으로 통합되는
당신의 언어를 배우게 해 주시옵소서
그리하여 모든 몸짓이
당신께 경배가 되고
모든 생각이 묵상이 되며
모든 발걸음이 춤이 되며
모든 말이 찬양이 되게 해 주시옵소서

오늘 우리에게 오신 성령 하나님,
우리의 마음과 영혼을
가득 채우시옵소서
빈틈없이 채우시옵소서
떠나지 마시고 영영 머무시옵소서
생명력을 주시고
악을 이기는 힘을 주시오며
분별력과 판단력을 부어 주시옵소서
오, 성령 하나님,
빛으로 밝혀 주시고
사랑으로 타오르게 하시며
평화의 길로 인도해 주시옵소서

성령 하나님,
당신의 영을 가득 채워 주셔서
진리를 깨닫게 해 주시고
믿음을 은사로 주시오며
기질과 습관을 고쳐 주시옵소서
죄를 울어낼 눈물을 주시고

인격이 바뀌고
삶이 변화되게 해 주시옵소서
써도써도 계속 분출되는
생명을 주시옵소서
오랜 고난을 견딘 후의 생명처럼,
영광을 입은 생명같은
충만한 생명을 부어 주시옵소서 †아멘

6월 June 8일

♣ 그들은 모두 성령으로 충만해서, 성령이 시키는 대로 각각 다른 방언으로 말하기 시작하였다. (행 2:1-13)

당신이 오시면 비로소

성령이여, 사랑이시여,
당신은 아낌없이 쏟고
변함없이 희생하고
끊임없이 내어 주며
우리에게 오셨습니다
당신이 오시면 저희는
비로소 한 사람이 됩니다
당신이 머무시면 저희는
마침내 새 사람이 됩니다
당신이 충만하시면 저희는
존재가 변형됩니다

이 차가운 심장을 녹이시며
사랑의 불로
저희 존재를 채워 주소서
오 성령 하나님,
오소서, 머무소서,
충만하옵소서

성령이여, 기쁨이시여,
당신은 슬픔을 몰아 내고
고난 가운데 영광을 보게 하며
불행 중에도 찬양의 마음을 주려고
우리에게 오셨습니다
이 세상 사는 동안에도
큰 기쁨의 정신으로
우리의 마음을 채워 주소서
당신이 간섭하시면
저희는 비로소 기도하게 됩니다
당신이 일하시면
저희는 마침내 사랑하게 됩니다

당신이 인치시면
저희는 십자가를 지게 됩니다
오 성령 하나님,
간섭하소서, 일하소서,
인쳐 주옵소서

성령이여, 평화시여,
당신은 우울을 흩어 버리고
불만을 없애 주고
불안을 사그라뜨리기 위하여
우리에게 오셨습니다
이 불목의 시대를 화해시키며
천상의 평화로
우리의 가슴을 채워 주소서
당신이 가르쳐 주시면
저희는 비로소 말씀을 이해하게 됩니다
당신이 인도하시면
저희는 마침내 악령을 이기게 됩니다
당신이 눈물 주시면

저희는 회개하게 됩니다
오 성령 하나님,
가르쳐 주소서, 인도하소서,
눈물 주옵소서

성령이여, 겸손이시여,
당신은 오만한 우리를 낮추고
자랑을 침묵케 하고
자기위주의 고집을 꺾으려
우리에게 오셨습니다
잘난 척하고 거드럭거리며
뽐내는 우리들을

비우고 낮추시어 겸손의 영으로
우리의 삶을 채워 주소서
당신이 지혜를 주시면
저희는 비로소 진리를 깨닫게 됩니다
당신이 온유의 열매를 맺게 하시면
저희는 마침내 겸손하게 됩니다
당신이 생명을 주시면
저희는 구원을 얻게 됩니다
오 성령 하나님,
지혜를 주소서,
겸손을 주소서,
생명을 주옵소서 †아멘

♣ 성령을 받아라. 너희가 누구의 죄든지
사해 주면 사해질 것이요,
사해 주지 않으면 그대로
남아 있을 것이다. (요 20:2-23)

우리가 용서해 주면

누구의 죄든지 우리가 용서해 주면

그들의 죄를 용서받으리라고 말씀하신 주님,

우리에게 성령을 부어 주셔서

자비와 용서의 능력이

자라나게 해 주소서

모든 것을 가르쳐 주시고

가르치신 것을 상기시켜 주실

성령을 듬뿍 내려 주소서

당신을 증거하기 위해

진리의 영을 보내시기로 약속하셨으니

오늘 그 성령께서 우리 안에 임하시어

우리가 당신의 충실한 증인이 되게 하소서
당신의 옥좌로부터 내려오신 성령이
제자들의 마음에 신묘하게 임하셨듯이
우리 위에도 현존하셔서
그 때 제자들을 위하여 행하신 일을
여기서 상징으로 보게 해 주소서
우리의 마음들을 성령의 은사로
제단같이 꾸며 주시고
당신께 바친 거룩한 성전이 되게 해 주소서

충만한 성령 안에서
새 언어를 말하게 하시는 주님,
그리스도의 이름을 지닌

모든 그리스도인들을
같은 세례로 성령 안에 모시기를 원하셨으니
먼저 그리스도인들이
한마음 한뜻이 되게 해 주소서
아직 양 우리 안으로 들어오지 못한
양 무리들도
한믿음 안에 들어오게 해 주소서
쉽게 용서하고 깊게 용서할 수 있는
능력을 내려 주소서
당신의 영을 통하여
슬퍼하는 이들을 위로하시며
억압 받는 이들을 해방시켜 주시고
병든 자들을 낫게 해 주소서
성령을 받음으로써 온갖 죄를 피하게 하시고
자유의 찬미가를 부르게 해 주소서
그리하여 충만한 성령 안에서
서로서로 용서하게 해 주소서 † 아멘

6월 June 10일

♣ 바람은 불고 싶은 대로 분다.
 너는 그 소리는 듣지만, 어디에서 와서 어디로 가는지는 모른다. 성령으로 태어난 사람은 다 이와 같다. (요 3:5-8)

바람이여, 바람이여

성령이시여, 변화의 영이시여

신비 가득한 창조의 영이시여,

미풍으로 오시옵소서

강풍으로 오시옵소서

열풍으로 오시옵소서

존재내면으로 불어닥쳐

치유와 변화를 일으켜 주소서

사람에게 일어난 한 사건으로

성령강림을 기념하듯

당신의 영이 우리 모두를

그리스도 부활의 증인으로 변화시켜

우리 자신의 변화를 축하하게 해 주소서
바람이여, 바람이여,
우리를 뚫고 들어와
몸과 영혼을 꿰뚫으소서, 성령이여!

성령이시여, 변화의 영이시여,
불로 오시옵소서
우리의 온갖 죄를 삼켜 버리는
불로 오시옵소서
그 죄를 남김없이 삼키시어
모두 태워 주소서

성령의 불 속에서
새로운 인간으로 탄생하게 해 주소서
불혀의 형상을 통해
우리를 정화하고 정련시켜 주소서
불순한 모든 것으로부터
우리 마음을 정화하여
하나님의 순수한 사랑을 받을 수 있는
자격을 주소서
열광하고 불타오르고 싶사오니
불이여, 뜨거운 불이여,
우리를 뚫고 들어와
영혼과 육신을 꿰뚫으소서, 성령이여!

성령이시여, 변화의 영이시여,
두려움으로 입을 다물고 있던
침묵을 깨뜨려 주소서
당신의 영 자체로 충만하며
당신으로 말미암아
사람들의 마음을 감동시키는

새 언어를 창출케 해 주소서
묵은 언어가 죽고
새 언어가 살아나게 해 주소서
공동체의 반죽을 변화시키는
효모와도 같은 사랑의 언어를
존재에 각인시켜 주소서
당신의 거룩한 영을
철철 넘치게 부어 주소서

성령이시여, 능력의 영이시여,
당신이 오신 일을
무슨 압도적인 기적사건으로
기대하지 말게 하소서
부드러운 말 한 마디,
정성어린 몸짓,
두드러지게 나타나지 않는
일상의 성실한 행동 속에서
당신의 영을 만나게 해 주소서
하나님으로부터 오고

하나님의 아드님께 온전히 충만해 있었던
그 선하신 영이
우리 안에 작용하게 해 주소서
그리하여 우리의 삶이
당신의 영이 머무는
영속적인 장소가 되게 해 주소서
날마다 당신 사랑의 영이
빛을 발산하는 공간이 되게 해 주소서
오, 바람이여, 불이여,
우리를 뚫고 들어와
육신과 영혼을 꿰뚫으소서, 성령이여!　†아멘

6월 June 11일

♣ 내 영혼아, 네가 어찌하여
  그렇게 낙심하며, 어찌하여 그렇게
괴로워하느냐? 너는 하나님을
    기다려라. (시 42:9-11)

내 삶의 앞뜰에 폭풍이 몰아쳐도

하나님, 어찌하여 당신은 제 곁에
까다롭고 다루기 어려운 사람들을
계속 세워 놓으십니까?
화 잘 내는 사람, 날마다 우울한 사람,
사사건건 따지고 덤벼드는 사람,
고집 세고 불순종하는 사람,
독한 말로 죽이는 사람,
끊임없이 속 썩이는 사람,
심지어는 당신과의 열애가
참인지 거짓인지 캐내려는 사람,
제가 한 말은 꾸며낸 말이라며

날조된 허구로 단정짓는 사람……
이 수많은 적들, 최악의 훼방꾼들을 세우셔서
저를 잠시도 안심시켜 주지 않으십니까?
어찌하여 어찌하여
저를 이토록 힘들게 하십니까?

하나님,
그러나 저의 후렴 "어찌하여"는
이제 제 것이 아닙니다
내적인 고요를 시험하시기 위한
당신의 계획이심을 알아차렸기 때문입니다
제가 사람들을 통하여
더 다듬어져야 하므로
강퍅한 이들을 제 가까이에
새록새록 배치시키시는
의도를 알았기 때문입니다
외부의 비난과 경멸,
가까운 가족의 반항과 배신에
감정이 동요되지 않습니다

흥분하지 않습니다
맞대꾸하지 않습니다
혼자 실컷 떠들다가 지치도록
조용히 뒤로 물러서 있습니다

하나님,
이제는 누구의 어떤 말에도
상처를 받지 않습니다
상처들이 제 영혼을 파고들지 않는 그 곳에
당신이 계심을 알기 때문입니다
전 당신만 붙들고 있으면 됩니다
저는 이웃이 비판하는 제 어둠과 화해했습니다

그 어둠을 어둠이라 인정함으로써
그것이 불안이 되지 않습니다
제 바깥의 적들이 아우성쳐도,
제 삶의 앞뜰에 큰 폭풍이 몰아쳐도,
제 안에 존재하는 고요는 흔들리지 않습니다
격렬한 폭풍 가운데서도
뱃그물을 베고 주무시던
당신 아드님의 마음의 평안으로
가 닿기 위하여
끊임없이 노력할 것입니다
당신의 시험에 낙방하지 않도록
'어찌하여'의 물결을
영원히 잠재워 주십시오 † 아멘

6월 June 12일

♣ 우리가 그리스도와 함께 영광을 받으려고 그와 함께 고난을 받으면, 우리는 하나님의 상속자요, 그리스도와 더불어 공동상속자입니다. (롬 8:14-17)

이 어인 특권이옵니까

성부 성자 성령 삼위 하나님,
모든 피조물이 당신을 찬양하며
영광을 드리나이다
만물 위에 계신 성부여,
말씀이신 성자를 통하여
만물을 꿰뚫어 계시며
성령 안에서 만물 안에 계시오니
권세와 기쁨과 존귀가 당신께 있나이다
아름답게 창조하시고 새롭게 지으시는
성부 하나님의 능력을 찬미하나이다
구원의 은총으로 감싸 주시고

사랑으로 용서하시며
영생으로 인도하시는
성자 하나님의 자비를 찬미하나이다
궁극적 관심으로 고쳐 주시고
하나님의 모상대로 변형시키시며
친교를 가능케 하시는
성령 하나님의 신비를 찬미하나이다
삼위일체 안에서
삼위일체로부터 나오는 빛과 은총을
저희에게도 내려 주옵소서

사랑이 지극하신 성부 하나님,
당신을 감히 '아빠, 아버지'라
다정하게 부를 수 있도록
자녀로 삼아 주심을 감사드리나이다
육신의 부모도 저희에겐 과분하온데
완전하신 절대자 하나님을
아버지로 모시게 해 주시오니
이 어인 특권이며 특은이옵니까?

자격 없는 자녀들이오나
공경과 애정을 드리나이다

용서와 자비가 넘치시는 성자 하나님,
당신을 감히 맏형님이라
친근하게 부를 수 있도록
당신의 공동상속자로
허락해 주심을 감사드리나이다
이 땅에서 부족함 없이
먹고 누리고 사는 것도
부당하고 복에 겨운데
하늘나라의 거룩한 분깃까지
기꺼이 분여해 주시마오니
이 어인 지복이며 영복이옵니까!
은총으로 이루어 주신 일을 보며
감사와 존귀를 드리나이다

숨어서 인도하시는 성령 하나님,
당신의 힘으로 성부의 자녀되게 하시고

당신에 힘입어 성자의 공동상속자가
되게 하심을 감사드리나이다
당신은 저희가 하나님의 자녀됨을
만천하게 증언해 주시고
그리스도의 공동상속자임을 확신시켜 주심으로써
그리스도의 고난에 동참하도록 하시니
감사와 찬양을 드리나이다
고난 후에 영광도 함께 받도록
줄기차게 인도하시며
삼위 하나님 안에서 자라도록 하시며
마침내 하나되게 해 주실 줄 믿나이다
모습을 감추시오나
열매를 맺게 하시고
침묵 안에 계시오나
말씀을 듣게 하시는
거룩하신 삼위 하나님께
영광과 영예를 드리나이다 † 아멘

6월
June
13일

♣ 그러나 그 분 곧 진리의 영이 오시면, 그가 너희를 모든 진리 가운데로 인도하실 것이다. (요 16:5-15)

뉘 있어

삼위 하나님,
조용히 앉아 당신을 생각하기만 해도
얼마나 즐거운 일인지요!
오 복된 삼위여!
가장 단순한 엄위여!
하나 안의 삼위여!
당신은 영원히 오직 한 몸
거룩한 삼위이십니다
각각이지만 평등한 하나이신 하나님,
당신을 찬양하며
기뻐합니다

무시간, 무공간 안에서
오직 홀로 고독하게
그러나 숭고하게 거하시는 삼위여!
당신은 위대하시고
유일한 하나님이십니다
장엄 가운데 홀로이시고
영광 중에 홀로이신
당신의 경이로운 신비를
뉘 있어 알아 내겠습니까?
뉘 있어 말하겠습니까?
오 경외하옵는 삼위여!

영원하신 삼위여!
주야로 경배 받으소서
끊임없이 숭앙 받으소서
삼위 하나님의 모습은
어찌 이리 아름다우신지요!
생각하기만 해도 무한한 지혜를 얻습니다
끝없는 힘과 지고한 순수를
높이 기리옵니다
살아계신 삼위 하나님,
두렵고 떨리는 희망과
통회의 눈물로 경배하고 예배하며
당신 앞에 엎드리오니
저희를 받아 주시옵소서

삼위 하나님의 사랑을 찬양합니다
그 완전성과 절대성, 그 전능성과 무한성
그 전지성과 영원성을 칭송하오며
영광을 돌려 드립니다
성자를 통하여 성령 안에서

만물을 창조하심으로
만물 위에 계신 성부 하나님은
존귀와 영광을 받으소서
성부와 온전히 하나이시며
자신을 위한 여지를 남겨 놓지 않으시는
성자 하나님은 찬미 받으소서
죄와 의, 심판을 깨닫게 하시며
인격을 성화하여
믿는 자들을 위로해 주시는
성령 하나님 또한 감사를 받으소서

근원적 샘이시자
궁극적 목적이신 성부 하나님,
동일본질을 철저히 살아내시며
당신의 전부를 봉헌하신
너를 위한 존재이신 성자 하나님,
성자를 향하여 그리고 성자로부터 움직이시며
하나님 형상을 따라
인간을 재창조하도록 일하시는 성령 하나님,

흘러 넘치고 넘치는 사랑을
온 우주에 쏟으시고 부으시고
충만케 하소서
삼위 하나님의 사랑의 관계 속에서
그 뜨겁고 온전한 사랑을
체험케 하여 주소서
삼위 공동체 안에서 표현되는
몰아적 사랑을
체험케 하여 주소서   †아멘

6월 June 14일

♣ 항상 기뻐하십시오. (살전 5:16)

유년의 슬픔은 기억나지 않아요

아버지, 사람들은 왜 자꾸 슬픔을
떠올리며 사는 걸까요?
유년시절의 상처 때문에
왜 잠 못 이루는 것일까요?
왜 성장과정의 불행을 회상하며
눈물로 베개를 적시는 걸까요?
스스로 무덤을 파고 있습니다
상처가 치유되지 않아서
아물지 않은 상처에서
자꾸 피고름이 나와서 그런 거겠죠

그런데 벌어지지도 않은 상처를
고의로 잡아 뜯어
피나게 하는 까닭은 무엇일까요?
제가 이런 말 하면
상처를 안 받은 사람의
배부른 소리라고 일축합니다
정말 그럴까요?

아버지,
저는 기억상실증 환자인가 봐요
저를 아는 모든 사람이 기억하고 있는
저의 상처와 불행, 그리고 슬픔을
저만 잊어버렸으니까요
일부러 짐짓 성한 척하는 것 아니거든요
저는 항상 기쁩니다
몸이 아플 때는
건강이 좀 나을 때를 생각하며
엎드려 감사합니다
모처럼 건강한 날은

병들었을 때를 회상하며
기뻐 뜁니다
슬픔에 절어 살던 날도 분명히 있었으련만
기쁨 충만한 날들만 헤아리며
기뻐하고 감사합니다

아버지,
저는 사물을 볼 때
양면을 동시에 봅니다
사건이 터져 복잡할 때도
사건 그 너머를 바라보며
평온한 기쁨을 갖습니다
슬픔의 의미, 고통의 이유,
사건의 숨은 동기,
그리고 전개될 앞날의 상황을
한꺼번에 이해하려고 합니다
그래서 저는 기쁨이 없는 날도
미소 지으며 랄랄랄라 노래합니다
당신이 저를 위해 예비하신

기쁨의 샘이 언제쯤 터지는지
알고 있거든요
저는 환경과 건강과 아랑곳 없이
날마다 기쁩니다

아버지,
억지로 만들어 내는 기쁨 아닙니다
자연스런 기쁨입니다

가슴 깊은 곳에서 우러나는 기쁨입니다
타고난 기쁨일지도 모릅니다
이웃의 고뇌와 슬픔에 동참하지만,
조심스럽게 위로와 조언을 하지만,

그것에 결코 흔들리지 않습니다
슬피 울고 있으면서도
영혼의 심연에서는 웃고 있습니다
가족과 이웃에게
이런 제 마음을 들켜 버렸으니 어떡하죠?
그래도 좋습니다
저는 어떤 경우에도
기쁜 걸 어떡해요?
상처를 상처로 못 느끼는 걸 어떡해요?
† 아멘

6월
June
15일

♣ 너희는 세상에서 시련을
 당할 것이다. 그러나 용기를 내어라.
 내가 세상을 이겼다. (요 16:33)

인생이라는 전쟁터에서

세상의 고난을 예고하시며
용기를 북돋아 주시는 주님,
당신 실존 자체가
우리에겐 승리의 실마리가 됩니다
오 주님,
당신처럼 세상을 이기게 해 주소서
삶은 온통 싸움 투성이입니다
거룩함과 속됨 사이의 싸움,
영과 육 사이의 싸움,
하늘나라와 세상 사이의 싸움,
자신과 이웃과의 싸움,

이렇듯 연속되는 싸움 속에서
유혹에 걸려 넘어지기가 일쑤인 우리에게
당신은 흔들리지 않는 푯대이시며
완전한 목표이십니다
당신이 계시기에,
당신이 오셨고 가신 그 곳이
우리도 가야 할 곳이기에,
그 나라를 바라보며
온갖 시험을 이겨내고 있습니다
주님, 당신을 믿는 믿음으로
이 세상을 이기게 해 주소서

승리하신 주님,
한바탕 전쟁하러 나가는 병사들처럼
인생이라는 전쟁터에서
어제도 오늘도 싸울 수밖에 없는 우리를
불쌍히 여겨 주소서
마귀와의 싸움, 죄와의 싸움,
게으름과 무사안일과의 싸움,

온갖 시련과의 싸움,
어느 것 하나도 수월한 것이 없습니다
하오나 당신이 마귀의 유혹에서 승리하셨듯이
온갖 시련을 이기고 일어서셨듯이,
비록 실패의 걸음에 떨어진다 해도
다시 일어나 달릴 수 있는 힘을 주소서
승리에서도 그리고 실패에서도
계속 배울 수 있는 지혜를 허락해 주소서
오 주님,
당신을 바라는 소망으로
이 세상을 이기게 해 주소서

용기를 북돋아 주시는 주님,
한도 끝도 없는 자기와의 싸움에서
번번이 넘어지는 우리입니다
욕망을 줄이지 못하여 허덕입니다
자신의 욕심에 걸려 미끄러지며 눈물흘립니다
자기 안의 여러 개의 자아가
분열을 일으키며

통합되지 않은 다중인격이
끊임없이 충돌하며 쓰러집니다
이 연약한 죄인은
도저히 홀로 아무것도 할 수 없습니다
오직 우리 구세주 예수 그리스도이신
당신을 바라보며
필사적으로 십자가를 지고
당신을 따라나섭니다
영광스러운 패배자로
상처 받은 치유자로,
평생 당신을 따르게 해 주소서

오 주님,
당신을 사랑하는 마음으로
이 세상을 이기게 해 주소서 †아멘

6월
June
16일

♣ 곧 주 예수께서 잡히시던 밤에,
   빵을 드시어서 감사를 드리신 다음에,
   떼시고 말씀하셨습니다. (고전 11:23-29)

사랑이신 까닭에

가장 가난한 자리로 오신 주님,
아버지의 '가라'에 순종하시고
철 모르는 시골 처녀
마리아에게 성육신하신 가난,
말의 여물통을 침대 삼으신 가난,
나사렛 촌구석에서
노동자로 사신 가난,
간신히 몸을 눕힐 만한 십자가를
무덤으로 선택하신 가난 ―
이 모두는 당신의 귀하신 몸으로 받아낸
철저한 가난이셨습니다

어찌 눈물과 감사 없이
당신의 가난을 묵과하오리까?

가장 비참한 자리로 오신 주님,
아버지의 명령에 순종하시고자
온갖 고난의 잔을 다 들이키신
당신의 전생애를 묵상합니다
당신은 그리스도의 영광보다
인자의 고난의 참담을
먼저 받아들이셨습니다
나사렛에서의 삼십 년 기다림,
공생애 동안의 박해와 몰이해,
마침내는 매 맞고 찔리시고
못박히시는 십자가의 죽음을
의연하게 통과하셨습니다
오직 사랑 일념
다만 구원 일념으로
시종일관하신 당신의 생애는
온통 피와 땀으로 밴

지극한 자기비하이셨습니다
어찌 감사와 눈물 없이
당신의 고난을 간과하오리까?

몸이신 주님,
당신은 보이시는 몸으로
삼십 여 년을 지상에 머물러 계셨습니다
노동으로 피곤해진 몸,
일로 단련된 근육을 가진 몸,
부딪치면 멍들고, 넘어지면 상처나는 몸,
하나님나라를 알리시기 위해서
주야로 발이 부르트도록 걸어다니신 몸,
깊은 밤이나 새벽엔
아버지와 대화하시느라 진을 빼신 몸,
급기야는 모진 십자가의 고통을 당하시고
죽음을 맞으신 몸……
하나님이시지만 인간으로
철두철미하게 부리신 몸을 통하여
당신의 애끓는 인류애를 보여 주셨습니다

어찌 찬미와 감사 없이
당신의 일생을 묵상하오리까?

사랑이신 주님,
사랑이시므로 몸을 입으셨고
사랑이시기에 몸을 찢으셨고
사랑이신 까닭에 다시 새 몸을 지니시고
성부 오른편에 계신 주님,
당신의 사랑, 말씀, 몸, 피 -
어느 것 하나도
저희를 울리지 않는 것이 없습니다
이제는 보여지는 말씀으로,
숨겨진 몸으로, 성만찬상에서
저희를 애타게 부르십니다

빵과 포도주라는 표징 속에
감춰진 신비를 맛들이라고 초청하십니다
어찌 열정과 사랑 없이
당신의 몸과 피를 모실 수 있사오리까?

사랑이신 까닭에
저희 위하여 내어 주신 몸,
저희 위하여 흘리신 피를
곰곰이 기억할 때마다
당신의 죽으심과 부활하심을
당당하게 선포하게 하옵시고
저희도 누군가를 위하여 몸을 내어 주고
새로운 계약을 맺을 수 있는
사랑과 희생의 삶에
투신하는 믿음과 용기를
불어넣어 주옵소서 † 아멘

6월 June 17일

♣ 기쁜 감사의 노랫소리와 축제의
함성과 함께 그 장막으로 들어가곤
했던 일들을 지금 내가 기억하고
내 가슴이 미어지는구나 (시 42:4)

그리움 다섯, 그리움 일곱

주님,
기쁨을 표현하게 하소서
당신 부활의 기쁨, 승천의 기쁨,
성령강림의 기쁨을
구주이신 당신 강생의 기쁨,
다시 오시리라는 희망의 기쁨을

노래와 춤으로 환희를
축제의 함성으로 찬미를
감사와 감격으로 영광을
당신께 드리고 싶습니다

오늘 한 번만이 아니라
내일도 모레도 끊임없이
지속적으로 기쁨의 향연을
열고 또 열고 싶습니다

주님,
더불어 기뻐할 사람을 찾습니다
죽을 생명 살리시고
덧없는 생명을 영원한 생명으로
바꿔 놓으신 당신을 믿어
천상축제에 참여할 기쁨을
함께 나누고, 함께 누릴
잔치친구들을 찾습니다
당신의 평화와 기쁨에 젖어
황홀의 도가니에 빠져들고 싶습니다

주님,
터져나오는 웃음
유쾌하고 막힌 데 없는 웃음

웃고 또 웃어도 부족한 웃음
죽음을 이긴 최후승리의 웃음
자유의 기쁨에서 분출되는 웃음
한마당 펼쳐지는 축제의 웃음을
맛보고 싶습니다

주님,
축제의 의미가 새로워집니다
결점 투성이의 제 자신을 긍정합니다
상처를 준 이 세상을 수용합니다
당신을 향해 존재를 엽니다
희망의 세계를 내다보며
마음껏 기쁨을 노래합니다
고향집의 우물
거기에 빠져 있었던 별 세 개,
고향집 꽃밭의 채송화,
거기에 쪼그리고 있던 강아지,
고향집 마당의 멍석,
거기에 놓여 있던 찐 옥수수,

고향집 댓돌
거기에 가설되었던 임시무대,
그리고 촌극 장면과
어설픈 아역 배우들의 얼굴,
이것은 천국의 표상입니다

아, 주님,
당신을 향한 그리움 다섯, 그리움 일곱,
모두 튀어나와 춤을 춥니다
당신의 나라에 가기까지
이 기쁨의 축제는 계속될 것입니다
당신이 계신 그 곳,
영원한 고향집 대문을
열어 두십시오
축제의 함성이 가 닿도록 †아멘

6월 June 18일

♣ 주 너희의 하나님을 경외하며, 그의 모든 길을 따르며, 그를 사랑하며, 마음을 다하고 정성을 다하여 주 너희의 하나님을 섬기며, (신 10:12-19)

마음의 껍질을 벗기는

내 주 하나님,
당신께서 저희에게 바라시는 것이
무엇인지 아느냐고요?
예, 머리로는 알고 있습니다만
아직 가슴으로는 느끼지 못합니다
입으로는 조잘거립니다만
삶으로는 옮기지 못하고 있습니다
하나님 아버지,
당신의 길만 따라가며 사랑하라시는 것,
마음을 다 기울이고 정성을 다 쏟아
당신을 섬기라시는 것,

이것을 잘 알면서도
살아내지 못하는 저희들을
바라보며 가슴을 칩니다
저희는 세상의 넓은 길을 더 좋아하기에
세상길을 좇아 가다가
어느 날 정신이 번쩍 들면
다시 당신께로 돌아오는 척합니다
항상 마음이 헷갈려 있어서
당신을 섬기는 일에도
정성과 마음이 절대적으로 부족합니다
마음을 다 쏟아 사랑해 주신
당신께 대한 철저한 배은입니다
마음의 껍질을 벗기는 회개를 통하여
다시는 당신이 원하시지 않는 길을
걷지 않도록 도와 주시옵소서

하나님 아버지,
당신께서 저희에게 바라시는 것을
어렴풋이 알고 있습니다

고아와 과부의 인권을 세워 주며
떠도는 사람을 사랑하라시는 것,
진정으로 형제들 안에서
당신을 사랑하라시는 것,
이것을 알고는 있으면서도
살아내지 못하는 저희들을
바라보며 가슴을 칩니다
당신께서는 작은 자, 보잘것없는 자,
가난한 자, 헐벗은 자, 억눌린 자,
갇힌 자, 떠도는 자들을 사랑하는 것이
곧 당신을 사랑하는 것이라 하시지만
저희들은 좀처럼 그들 안에서
당신을 발견하지 못하여
전전긍긍합니다
혹시 명예있고 권세를 부리며
돈 많고 지식 있으며
명성을 드날리는 사람들 안에서는
당신을 발견할지 모르지만
저희가 존경할 수 없는 이웃 안에서는

당신을 발견하지 못하는 저희이옵니다
저희가 정말 당신 사랑을 발견했고
그리스도처럼 살기로 선택했다면
어떻게 이럴 수가 있겠습니까!
신분고하를 막론하고
모든 형제들 안에서
당신을 발견하고 사랑하게 해 주시옵소서

형제를 사랑하되
그 사랑과 당신을 향한 사랑이
전적으로 하나이며
그 사랑은
당신 사랑의 일부인 것을 알게 해 주소서
하나님 사랑의 불가결한 구성요소로서의
형제에 대한 사랑을 받아들이게 해 주소서
저희의 마음이 끌리는 사람들만
사랑하지 말게 하시고
당신의 사랑을 반영하는
기준과 양식으로 사랑하게 해 주소서

저희의 행동과 생각과 말과 감정이
당신 사랑의 투명한 표현이 되게 하시고
형제들이 나의 사랑을 통해서
당신의 사랑을 받고 있는 것처럼
느끼게 해 주소서
마음의 껍질을 벗기는 회개를 통하여
다시는 당신이 원하시지 않는 길로
들어서지 않도록 도와 주시옵소서 † 아멘

6월 June 19일

♣ 이것은 많은 사람을 위하여 흘리는 나의 피, 곧 언약의 피다. (막 14:22-25)

흥겨운 천국잔치

그리스도가 되신 주님,
당신은 성만찬상에
성령으로 임재하시기 위하여
빵과 포도주의 물질적 요소를
선택하셨습니다
또한 하나님과 죄인 인간을
하나되게 해 주시고자
몸소 세례를 받으셨습니다
당신의 삶을 회상케 하시며
성령 안에서 현존하시며
성령을 통하여 부활에 참여하게 될 것을

알려 주셨습니다
그리스도여,
당신의 몸과 피를
성만찬의 상징을 통하여
영원히 기억하도록 도와 주시옵소서

세상의 죄를 지우러 오신
어린양 예수 그리스도여,
성만찬 때마다
빵과 포도주 속에 현존하셔서
다시 어린양으로 바쳐지시는
당신의 죽음을 기억하며 기리며
엎드려 통곡합니다
나 대신 죽으신 당신을 회상하며
한 손에 빵을 들고
당신의 대속적 사랑을 체험합니다
또 한 손에 포도주잔을 들고
당신의 구속의 경륜을 깨닫습니다
그리스도여,

한 크나큰 죄인 되어
당신과 사랑의 관계를 맺게 해 주시옵소서

하늘에서 내려온 만나이신 그리스도여,
당신의 몸과 피로 먹여 살리시며
생명을 기르시고 힘을 내게 하시오니
우리가 당신 생명 안에서
거닐며 기쁘게 뛰노나이다

은밀하게 현존하시는 신비이시여,
당신은 문 앞에 오셔서
문을 두드리고 계시다가
우리가 문을 열면 들어오시어
우리와 함께 먹고 마시며
영원히 살 수 있는 에너지를 주시오니
우리가 당신 생명 안에서
노래하며 흥겹게 춤추나이다
당신 백성을
천상의 음식으로 배불리시는 그리스도여,

목마른 우리에게
천상의 샘물을 먹여 주시니 감사합니다
당신 몸을 불사불멸의 약속과
부활의 보증으로 우리에게 주셨으니
살아계신 하나님의 아들이신
당신을 기념하며
날로 성장하게 하소서
또한 삶으로 이 신비를 증거하게 하여
다시 오시는 그 날까지
당신의 죽음을 전하며
생생한 희망을 품고
즐거워하게 하시옵소서
흥겨운 천국잔치의
기쁨을 누리게 해 주시옵소서 †아멘

6월 June 20일

♣ 유대 사람이나 그리스 사람이나, 종이나 자유인이나, 남자나 여자나 차별이 없습니다. 그것은 여러분이 그리스도 예수 안에서 다 하나이기 때문입니다. (갈 3:28, 레 25:10)

낯설다 하지 말게

전능하신 하나님 아버지,
남과 북이 한 몸이 되도록
당신의 능력을 떨쳐 보여 주소서
서로를 위한 하나
서로 안의 하나
하나를 위한 하나가
되게 해 주소서
동서를 다르다 하지 말고
남북을 남남이라 하지 말며
50여 년간의 단절을
낯설다 하지 말게 해 주소서

형식의 불일치를 탓하지 말고
내용의 통일성을 모색하게 해 주소서
다양성의 일치와 나라 정신의 합일을
도모하게 해 주소서
성령 안에서 성부와 성자가 하나이신 것처럼
성령 안에서 성자와 성부와 함께
남과 북도 하나되게 해 주소서

전능하신 하나님 아버지,
주님도 하나이고 믿음도 하나이듯
그리스도의 몸도 하나이고
성령도 하나이듯
아버지께서 남한과 북한을

당신의 백성으로 부르셔서
안겨 주시는 희망도
하나임을 믿게 해 주소서
먼저 내 탓을 고백하고
그 허물을 회개하고 돌아서서
화해의 악수를 청하게 해 주시고
용서의 사랑을 건네게 해 주소서
그리스도 예수 안에는
모두가 한몸일 뿐이오니
남한과 북한이 한 형제임을
스스럼 없이 선언하게 해 주소서
성령께서 평화와 사랑의 줄로
한데 묶어
남과 북을 하나되게 해 주소서
성령 안에서 성부와 성자가 하나이신 것처럼
성령 안에서 성부와 성자와 함께
남과 북도 하나되게 해 주소서 †아멘

6월 June 21일

♣ 예수께서 이 말을 곁에서 들으시고서, 회당장에게, "두려워하지 말고 믿기만 하여라" 하고 말씀하셨다. (막 5:35-36)

오직 믿기만 하면

걱정하지 말라고 말씀하시는 주님,
부질없는 근심은 금물이라시는 거죠?
헛된 기우는 믿음 없는 모습이라시는 거죠?
그렇습니다, 주님,
저희는 어리석게도 평화를 누리지 못합니다
자질구레한 걱정과 염려의 노예가 되어 살아갑니다
믿음 없는 소치입니다
의심 많은 까닭입니다
조금만 현실이 어두워지면 절망하고
잠시 건강만 잃어도 우울해하며
슬픈 소식 들으면 좌절하는 저희는

참으로 믿음이 약하고
믿음이 없는 자들입니다
당신을 믿기만 하면
믿은 대로 되리라는 믿음을 주시옵소서
믿음이 능력이라는 것을 믿는
믿음을 주시옵소서

믿기만 하라고 명하시는 주님,
오직 믿기만 하면 된다시는 거죠?
확신을 품은 믿음을 가지라시는 거죠?
그렇습니다, 주님,
저희는 미련하게도 불안에 싸여 있습니다
한도 끝도 없는 회의와 불신의
노예가 되어 살고 있습니다
믿음이 결여된 까닭입니다
의심이 가득한 소치입니다
당신을 기쁘시게 하는 것은
오직 믿음뿐임을
새삼 확인하고 있습니다

섬김의 참 바탕인 믿음,
변화의 힘인 믿음,
운명을 바꿔 놓는 원동력인 믿음,
그리스도의 십자가의 능력이
헛되지 않도록 믿는 믿음,
환난을 이겨내며

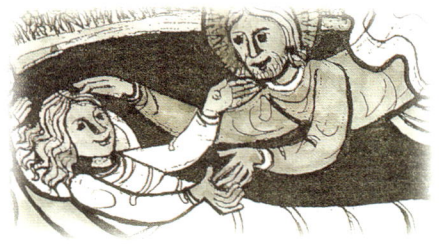

끝까지 인내하는 믿음이 없습니다
회개가 믿음에 선행되고
기도와 믿음은 좋은 단짝이며
실천이 수반됨으로써
구원에 이르게 되는 과정을
겸손하게 걷게 하옵시고
장차 다가올 하나님나라를

미리 바라볼 수 있는
믿음의 은총을 주시옵소서
약함 후의 강한 힘,
고난 안에 숨겨진 영광,
죽음 이후의 영생이
반드시 있다는 믿음을 주시옵소서
믿음이 전부라는 사실을 믿는
믿음을 주시옵소서 †아멘

6월 June 22일

♣ 너희는 세상의 소금이다. 소금이 짠맛을 잃으면, 무엇으로 짠맛을 내겠느냐? 그러면 아무 데도 쓸 데가 없으므로 바깥에 내버리니, 사람들이 짓밟을 뿐이다. (마 5:13)

맛 없고 간 없어

우리를 세상의 소금이라 부르시는 주님,

맛 없고 간 없는 우리에게

맛을 내는 소금이 되라 하시오니

그 말씀에 순종하렵니다

하오나 어떻게 해야

잃어버린 소금의 짠맛을

다시 회복할 수 있겠습니까?

언제부터인가 우리는

그리스도인이라는 이름만 가졌지

그 이름이 세상에 주는 맛을

전부 잃어버렸습니다

어느 때를 위해서나
세상의 살림살이에서
모든 음식을 짭짤하게
간을 맞출 채비가 되어 있는
그리스도인이 되게 해 주소서
그리하여 세상 자체가
비로소 살맛이 나고
부패하지 않게 할 태세를
언제라도 갖추고 있게 해 주소서

맛 좀 내라 말씀하시는 주님,
그 말씀에 순종하고 싶습니다
하오나 아무 데도 소용없어서
밖에 내버려져 사람들에게 짓밟히는
질 나쁜 소금 노릇만 하고 있으니
어찌합니까?
부엌에 갈무리해 놓고 쓰는
질 좋은 소금이 되게 해 주셔서
사회나 가정이나 이웃에게

꼭 필요한 존재가 되게 해 주소서
소금간이 음식 속으로 스며들어가
전혀 다른 질의 음식을 만들 듯이
우리 자신이 세상에 들어가
세상을 양질로 만들고
그들을 당신의 제자공동체로
만들어 가게 해 주소서
우리가 소금의 소명을 몰각하고
하나님의 심판을 자초하게 되는
일이 없도록 해 주셔서
교회가 세상을 위하여
하나님에 의해서 존재하며

우리 각자는 세상 속에 흩뿌려짐으로써
세상이 맛이 나게 할 힘을
기르게 해 주소서
작고 보잘것없는 소금 안에
들어 있는 엄청난 힘을
우리 각자가 잃지 않도록
도와 주소서 †아멘

> ♣ 내 것을 가지고 내 뜻대로 할 수
>   없다는 말이오? 내가 후하기 때문에,
> 그것이 당신 눈에 거슬리오? (마 20:1-16)

이 마지막 사람에게도
당신에게 준 만큼

하나님,
제 품삯이나 가지고 가라고요?
당신은 저희에게
계약관계를 상기시켜 주시는군요
당신께서 저희와 맺으신 약속은
지극히 인격적이십니다
당신께서는 일꾼으로 부르신 후
그 시간과 질을 따지지 않으시고
언제나 후하고 넘치게
당신 사랑과 관용의 기준으로

품삯을 주고 계십니다
아, 하늘나라에 준비된
하늘품삯을 받을 꿈을 꾸며
불러주심에 보답하는
포도원 일꾼이 되고 싶습니다

하나님,
제 품삯이나 가지고 가라고요?
무딘 저희 양심에도
당신 말씀의 비수가 꽂힙니다
당신께서 줄곧 부르셔서
할 줄도 모르는 일을 가르치며 시키셨고
알지도 못하는 일들을
할 수 있도록 능력을 주셨건만
교만하기 짝이 없는 저희들은
저희가 당신께 필요할 일꾼인 줄
착각하고 거드럭거리며
맡은 일을 충실하게 하지 않았습니다
막상 품삯을 받는 시간엔

옆을 보며 우월주의에 빠져
형제의 품삯이 많다고 불평합니다
당신의 정의와 공평이
비인격적이라고 항거합니다
저희는 등급을 매기기를 좋아합니다
당신은 우리와 생각이 다르시다는 것을
알지 못합니다
첫째와 꼴찌의 순서를
마음대로 정합니다
하나님, 당신의 사랑의 부르심은
사랑의 준거틀로 심판된다는 것을
깨닫게 해 주십시오
당연히 해야 할 일꾼의 의무를
성실하게 이행한 다음에는
불러주심에 감사하는
포도원 일꾼이 되고 싶습니다

제 품삯이나 가지고 가라고요?
저희는 구원의 조건을

저희 자신이 결정하려 듭니다
구원이면 구원이지
더 큰 구원은 있을 수 없는데도
남의 구원을 거론하며
구원의 조건을 따집니다
다른 일꾼의 구원인 품삯을 바라보며
주인이신 당신께 덤벼듭니다
더욱 꼴불견인 것은
저희 입장에서 감사의 조건을 찾습니다
무엇이든지 당신의 입장에서 보지 못하므로
오히려 불평하며 죄를 짓습니다

당신은 안 주셔도 그 뿐이신데 말입니다
구원은 전적인 은혜이며
공로가 아니라
당신 사랑에 기인하는
당신의 절대주권임을
잊지 말게 해 주십시오
먼저 믿은 사람의
텃세를 부리지 말게 하시고
당신이 어떤 분이신가 확실히 깨달아
당신께서 시키시는 대로
제 몫의 일만 충실히 하게 해 주십시오
제 형제들에게도
제게 주신 만큼,
아니 그보다 더 주신다 해도,
당신 사랑의 기준에서 행하시는 것임을
깨닫게 해 주십시오   † 아멘

6월
June
24일

♣ 하늘을 쳐다보아라. 셀 수 있거든
저 별들을 세어 보아라. 네 자손이
저렇게 많이 불어날 것이다. (창 15:1-7)

저희가 도대체 무엇이길래

하나님 아버지,
당신의 말씀대로 믿기만 하면
약속하신 것보다
더 큰 상을 주시는군요
아브라함에게 약속하신 것을 철석같이 믿는
그의 믿음을 갸륵하게 여기시어
만민의 조상이 되게 하신 일을 통하여
믿음이 관건이라는 사실을
새삼스레 깨닫습니다
그러나 저희는 헛약고 겉똑똑해서
인간의 어리석은 합리성을 내세우며

스스로 판단하고 당신께 맡기지 못합니다
현실적으로 결코 가능해 보이지 않더라도
당신께서 불가능을 가능태로
바꾸실 수 있는 분이심을
믿게 해 주십시오

사랑으로 방패 삼아
줄곧 지켜 주시는 하나님,
저희가 무엇이기에
이토록 보호하시옵니까!
삶의 현실 가운데서도
당신께 피신하는 자들에게
큰 힘이 되어 주시는 하나님,
저희가 도대체 무엇이길래
몸 방패, 손 방패,
앞 방패, 뒷 방패 되어
승리를 안겨 주시옵니까!
당신은 정녕 저희의 방패이시오매
진심으로 당신만을 믿고

믿어 도움 받은 일 회고하며
당신 앞에서 기뻐하며
소리 높여 감사의 송가를 부릅니다

이 몸 피할 바위 되시고
굳건한 요새 되시는 하나님,
저희가 무엇이기에 이토록 사랑하시옵니까!
당신께서 말씀하신 대로 믿고
당신이 약속하신 바를 믿기만 하면
말씀대로 이루어 주시고
약속대로 실현하시오니
당신 말씀에 순종하렵니다
당신은 정녕 저희의 전부이시오매
진심으로 당신만 믿고
믿어 도움 받은 것 회상하며
당신 안에서 환호하며
목청껏 감사의 찬가를 부릅니다   † 아멘

6월
June
25일

♣ 주님, 주님께서 계시는 집을
  내가 사랑합니다. 주님의 영광이 머무는
  그 곳을 내가 사랑합니다. (시 26:8)

호젓한 곳에서 오붓하게

주님, 오늘 모처럼 제 시간을 갖습니다
짬이 나지 않는다고 안달하다가
억지로 짬을 냈습니다
틈이 날 때를 기다린다는 것은
어림도 없는 일입니다
그래서 당신께서 명령하신 대로
일부러 틈을 냈습니다
일들에서 해방되고자
일 년만에 겨우 하루를
제 것으로 만들었습니다
당신 앞에만 앉아 있겠다는

희망 때문에
아침부터 즐거웠습니다
항상 당신 면전에 있는 시간이 부족해서
감질났거든요
하오나 주님,
당신 앞에 진득하게 머물지 못하고
날마다 일하던 시간에
제 방으로 돌아와 있었습니다
잠시도 손을 그냥 둘 수가 없습니다
시간 낭비인 것 같아 불안해집니다
곧 당신께로 오겠다고 약속하고서도
자질구레한 일들을 생각하며
여전히 방 안을 서성거렸습니다
어느 새 전 일 중독자가 됐습니다
심각합니다
중증입니다
당신을 사랑한다면서
하루 데이트를 꼬박 실행하지 못하다니요!
책상 정리, 벽장 정리,

전화로 안부 묻기,
시집 읽기……
이런 것들을 머리에 떠올리다가
과감히 유혹을 뿌리치고
교회로 달려왔습니다
세월 가는 줄 모르고
당신 앞에서 관상기도만 했다는
성 안또니오를 생각하며
뉘우치며 울었습니다
기도시간 외엔
당신을 뿌리치고 있는

저의 냉혹함을 회개합니다
용서해 주십시오
당신께서 계시는 집을
더욱 사랑하게 해 주십시오

주님,
고즈넉하게 당신만을 바라보며
기도동굴에서 만년을 보내게 해 주십사 여쭌
제가 아니었습니까?

잠도 안 자고 밥도 안 먹고
꼬박 사흘 동안
촛불처럼 당신 앞에 앉아 있던
제가 아니었습니까?

오, 불쌍히 여겨 주십시오
일 때문에 당신을 멀리하지 말게 하시고
짬을 내고 틈을 내어
당신께로 달려오게 해 주십시오
일 속에서도 당신을 만날 수 있지만
특별히 호젓한 곳에서 오붓하게
당신하고만 종일 있게 해 주십시오

오, 주님,
제게 또 다시
사막체험을 하게 해 주십시오
사람들의 부재가 아니라
당신의 현존으로 가득찬
사막의 고독을 체험하게 해 주십시오　†아멘

6월
June
26일

♣ 사랑은 모든 것을 덮어 주며, 모든 것을 믿으며, 모든 것을 바라며, 모든 것을 견딥니다. (고전 13:7)

사랑은 모든 것을 치료합니다

사랑이신 주님,

저를 향하신

당신의 사랑을 생각하노라면

질병의 고통이 사라집니다

제 죄를 사하신

당신의 사랑을 새기노라면

마음의 병이 치유됩니다

저 하나에게 베푸신

당신의 사랑을 헤아리노라면

온갖 슬픔이 승화됩니다

모든 것 덮어 주신 사랑에 감사드립니다

사랑이신 주님,
사랑은 내력이 있다는 걸
알고 있습니다
갓난아기 때부터 노년에 이르기까지
당신께서 사랑해 주신 일들은
연대기적으로 역사가 되고
사건 중심으로 의미가 되었습니다
그러므로 당신 사랑을 회고하는
은총 자체가 사랑입니다
오늘의 아픔이
어제의 당신 사랑으로 치료됩니다
오늘의 괴로움이
어제의 당신 사랑으로 녹아 버립니다
오늘의 서러움이
어제의 당신 사랑으로
온 데 간 데 없어집니다
어느 새 건강을 회복하고
씻은 듯 부신 듯 일어섭니다
가실 줄 모르는

당신 사랑에 감사드립니다

사랑이신 주님,
사랑은 생명입니다
고립과 단절에서 자유케 하며
아름다운 관계를 맺어 줍니다
하는 일과 엮어 가는 삶을
충만하게 해 줍니다
활기와 감격, 기쁨과 만족감,
헌신하고 싶은 의욕을
사랑은 선사합니다
이 사랑은 고귀한 체험 되어
치유력을 키워 줍니다
누가 떠밀어서가 아니라
자진해서 너를 치료해 줍니다
희망이 솟구칩니다
참을성이 생깁니다
모든 것을 견디어 내는 사랑을 주신 당신께
감사드립니다

사랑이신 주님,
당신의 사랑은 무정하고 사랑 없는
저희를 변화시킵니다
이미 역사가 되고
체험으로 눌어 붙은 사랑은
확고한 바탕이 되어,
만일 내일이 저희에게 허락된다면,
내일의 상처도
치유해 주리라 믿습니다
내일의 고통도
없애 주리라 믿습니다
내일의 좌절과 상실도
치료해 주리라 확신합니다
모든 것을 고쳐 주시는
사랑이신 당신께 감사드립니다　†아멘

6월 June 27일

♣ 우리에게 우리의 날을 세는 법을 가르쳐 주셔서 지혜의 마음을 얻게 해 주십시오. (시 90:12)

오늘이 어제도 되고, 내일이 오늘도 되네

사랑하는 아버지 하나님,
제가 지금 당신 곁에 있는 것인가요?
당신께서 다정하게 부르시고
제가 기뻐 화답하는
삶의 자리에 있는 것인가요?
아직 저는 이 땅에
살아 있는 것인가요?
믿겨지지 않는 육십삼 년의 긴긴 시간,
여전히 숨을 쉬며 살아
생명의 노래를 부르게 해 주시니 감사합니다

저 같은 죄인,
가치 없고 무력한 죄인을
오늘까지 살게 해 주시니 감사합니다

생명의 원천이신 아버지 하나님,
주신 생명 잘못 관리하여
항상 마음 아프시게 해 드렸건만
이토록 오랜 세월
살려 주시옴을 감사합니다
낡고 고장나고 상채기 투성이인 저를
갈고 닦고 펴고 치료하시어
한 도구로 써 주시옴을 감사합니다
아, 육백 년을 산 듯,

간난신고, 질병, 역경,
파란만장한 인생이었습니다
그 아픔과 슬픔이
기쁨과 행복,
평화와 감사가 되게 하시옴을 감사드립니다

늘 저와 함께 계신 아버지 하나님,
영성의 봉우리로 오르라시기에
그 영봉이 위에 있는 줄 알았사오나
이제 와서 보니
아래에도 위에도, 앞에도 뒤에도,
옆에도 있음을 보았습니다

오늘이 어제도 되고
내일이 오늘도 되며
오늘이 내일,
그리고 어제가 내일이 되는
당신 시간의 통시성을 알게 해 주심에
진정으로 감사드립니다

아버지, 나의 아버지,
우리의 아버지,
오늘 당신의 은혜로
존재의 축복을 누리는
이 부족한 여종에게
사랑하는 당신의 종들을 만나 사귀고
사랑을 나누는 축복을 주심을 감사드립니다
아내를 당신께 온전히 내어 드린
당신의 남종,
몸과 시간과 물질헌신을 하는
「평화의 집」 가족들,
영성 안에서 하나되기를 소망하며

관계를 맺은 영성가족들,
영봉을 향한 완덕의 산길에 오른
길벗들인 영성수련생들,
당신의 지혜를 받아
극진한 사랑으로 돌보아 주는 주치의,
사경을 헤맬 때
희망의 등불이 되어 준 오라버니,
그리고 수십 년간 섬김을 지속하며
사랑의 고리를 만든 옛 제자들,
모두를 사랑해 주신 것을 감사드립니다
이 거룩하고 빛나는
영광의 자리에 서 있는
저희 모두를 봉헌하오니
강복해 주시옵소서 †아멘

6월
June
28일

♣ 진실로 주님의 선하심과 인자하심이
  내가 사는 날 동안 나를 따르리니,
  나는 주님의 집으로 돌아가 영원히
  그 곳에서 살겠습니다. (시 23:5-6)

흘러넘치는 덤의 노래

사랑하는 아버지,
저를 노래하는 인생으로
만들어 주신 당신이야말로
노래하시는 분이십니다
당신은 저희 각자를 위해
삶의 노래를 지어 주셨습니다
당신께서 저를 위해 작곡하신
노래의 주선율을
저는 기억합니다
고독과 침묵으로 침잠할 때 들리는
당신께서 지어 주신 노래,

제 자신의 목소리를 낮출 때만 들리는
당신이 지어 주신 노래,
그 노래를 흥얼거리며
저는 제 노래를 지었습니다
그리스도께서 부르신
사랑의 선율과 앙상블을 이루는
노래를 부르고 싶었습니다

사랑하는 아버지,
저의 청동기, 어린 시절,
죄가 무엇인지 모르던 죄인시절에는
장난스럽고 명랑한 음조로

짤막한 노래를 불렀습니다
여러 가지 학문을 섭렵하며
가능태의 삶을 살던 때,
의로운 삶을 사는 줄로 착각한 의인시절에는
인간밀림 속에서 여럿과 함께
자신감 넘치는 노래를 불렀습니다
'그러나, 나는 아무것도 할 수 없다'고 탄식한
병원시절에는
죄가 무엇인지 아는
죄인의식을 가진 죄인으로서
한 죄인이 되어 노래를 불렀습니다
중병을 앓으며 식음을 전폐하던
고통과 싸우는 때에도 노래를 불렀습니다
당신 사랑을 인식하며
깊은 죄인의식을 가지고
죄를 용서받은 죄인으로서
환희의 노래를 불렀습니다
마침내 당신의 뜨거운 사랑으로
생명의 빛을 받고

기적을 체험한 삼십대 후반,
영성수련을 통하여
하나님체험이라는 선물이 쏟아지고 있었습니다
공동체로의 헌신을 결심하게 된 때
저는 날마다 새 생명 안에서
당신을 향한 노래를 불렀습니다

사랑하는 아버지,
제 죄악의 심연 때문에
날마다 울고 보채는
신비한 회심체험을 통하여
어느덧 현존하시는 당신과 함께
노래를 부르기 시작했습니다
하나님과 함께라면
무엇이든지 할 수 있다는 확신에 차서
제 삶이 영성화되는 것을 바라보며
당신과 함께 노래를 불렀습니다
제 안에 숱한 고통이 와 있지만
조금씩 멈춰지는 것을 느낀 시절이었습니다

이제 저는
한 큰 죄인의
흘러넘치는 덤의 노래를 부릅니다
제 삶이 에너지화될 전망이
보이는 시점입니다
아침에도 노을을 볼 수 있고
저녁에도 새벽을 볼 수 있는 덤입니다
이 땅이 하늘나라가 되고
낙원의 생활이 눈앞에 펼쳐지는
하나님의 시간표 속의 삶이 시작된 것입니다
노랫가락이 넘쳐 흘러
덤으로 잔 밖에 떨어져 있는 것만
주워 가지고도
얼마든지 다시 새로운 선율을
만들어 낼 수 있는
충만의 덤입니다
당신께서는 항상 제 그릇보다
넘치게 사랑을 부어 주셨습니다
천상의 노래를 부르지 않을 수 없습니다

그 긴 세월의 고통이
더 큰 영광을 안게 했습니다
그 짙은 슬픔이
더 큰 기쁨이 되었습니다
그 중한 죄들이
더 큰 은총을 받게 했습니다
이미 준비된 영광이었습니다
오 아버지,
남은 길도 당신과 함께
흘러넘치는 덤의 노래를 부르며
힘차게 걸어가렵니다 †아멘

6월 June 29일

♣ 나는 죄인의 우두머리입니다.
그러나 하나님께서는 나에게 자비를
베푸셨습니다. (딤전 1:15-17)

존귀한 남루

자비로우신 하나님,
저처럼 비참한 죄인을
당신의 아드님을 통하여 구원해 주시며
오래 참아주심의 한 본보기로
삼아 주시니
진심으로 황공합니다
저의 가난과 남루를 곰곰이 생각하며
제게 베푸신 사랑이 얼마나 크시온지
날마다 순간마다 새록새록 절감합니다

자비로우신 하나님,

죄인의 우두머리인
저를 깊이 들여다보면 볼수록
당신이 누구신가
더더욱 알고 싶어집니다
은폐적 현존으로 계신
당신을 만나러
수없이 밤의 고요를 틈탑니다
그 때마다 저는
제가 어떤 인간인가를 먼저 보았습니다
존재가 바뀌지 않고는
결코 당신 앞에 설 수 없는 사람임을
깨닫게 되었습니다
저는 제가 얼마나 가난한 자인가를 압니다
당신께 모든 것을 청해서 얻지 않으면
가진 게 없는 자라는 것을
확실하게 알고 있습니다
그러므로 저는
당신으로부터 모든 것을 받아 사는 일을
저의 삶의 규율로 삼았습니다

저는 라이너 마리아 릴케처럼
한밤중에
제 마음의 가장 깊고 남루한 구석으로
들어가기를 좋아합니다
바로 그곳으로부터
당신의 힘이 흘러나와
매듭진 모든 것들을
풀어 준다는 것을 믿습니다
그렇습니다
제 마음의 가장 남루한 모퉁이에는
제게 선물로 주어지는
당신의 자비로운 힘이
샘물처럼 솟고 있기 때문입니다
가난 중의 가난, 적빈을 고백할 때
당신의 도움이 제게 옵니다

자비이신 하나님,
당신께 모든 것을 청원해서
받아야 하는 가난한 자임을

영광스럽게 여깁니다
가난한 자라면 작고 보잘것없으며
가엾은 존재라는 느낌이 들기도 하겠지요
과연 인간은 하잘것없으며
도움을 필요로 하는 존재입니다
그러나 이 말 속에는
저희 생을 구원하는 진리가 들어 있습니다
인간은 보잘것없는 모습을 드러내는 동시에
인간의 존엄성을 나타내고 있습니다
과연 인간이 지닌 가난이자
부요함입니다

하나님,
인간은 존귀한 남루와 비참입니다
당신께 의지해서만 사는 삶,
이것은 인간의 가장 극심한 비참이며
위대한 존귀함입니다
그러므로 인간은
부요한 가난입니다
당신께 작은 것부터 큰 것까지
모두 청해야 하는
가난한 사람으로 살아가며
자유의 복을 누리고 싶습니다
'하나님의 도우심', 그리고 '나의 맡김'으로
엮어지는 은총과 복에 겨운 삶을
끝날까지 살도록 붙들어 주시옵소서   †아멘

♣ 그가, 날이 새려고 하니 놓아
 달라고 하였지만, 야곱은 자기에게
축복해 주지 않으면 보내지 않겠다고
 떼를 썼다. (창 32:23-33)

6월
June
30일

'하나님의 것'이 되는 복

하나님, 오늘은 야곱의 일생을 훑어보며

은혜를 받으려고 합니다

야곱은 복을 가로채는 일로부터

당신과의 관계를 맺게 되었지요

당신이 복을 주셔야

번성할 수 있으리라는 믿음으로

복을 받기 위해 교활한 속임수를 쓰고

어마어마한 죄를 지었죠

그런데 그 죄를 통하여 당신께서는

당신의 구원계획을 이루셨습니다

참 놀라운 일입니다

야곱은 장자상속권의 중요성을
알아차릴 만큼 영적으로 민감했습니다
붉은 콩죽을 형에게 넘겨 주고
장자상속권을 샀습니다
장자의 복을 가로챕니다
마지막 구원을 위한 당신의 계획은
리브가와 야곱의 간교한 협력을 통해서도
성취된 것을 보며
한동안 가슴 아파했습니다
미련하게 내버린 특전은
회복할 수 없다는 것을
새삼스레 깨닫습니다

하나님,
야곱은 형을 피해 도망하다가
한 곳에 이르러
당신의 현존을 체험합니다
임마누엘 약속을 큰 복으로 생각합니다
축복은 당신과의 올바른 관계에서 온다는 것을

일찌감치 깨달았습니다
그는 드디어 외삼촌 집에 도착하여
지금까지 지은 죄를 기워 갚게 됩니다
그러나 그 보속기간 중에도
당신은 야곱에게
자녀의 복과 물질의 복을 내려 주셨습니다
하지만 20년 간 잊어버리고 지냈던 죄가
의식으로 형성화되며
양심이 부대끼기 시작하지요
형을 만날 시간을 앞두고
죄의 그림자와 마주치게 됩니다
야곱은 남을 속이는 역사를 남겼지만
당신과의 관계는 잃지 않았습니다
고향으로 무사히 돌아오게 해 주시마는
약속을 당신께 다시 상기시켜 드리며
당신의 자비에 비쳐 보아
자신이 얼마나 무가치한 존재인가를
고백합니다
이제 그는 당신을 원하고 있습니다

당신 앞에 바로서겠다는 결단을 합니다
야곱의 생애의 한 정점입니다
극적인 회심사건도 복 중의 복이로군요

하나님,
죽음의 적막이 깃들인 밤,
홀로 두려움에 싸여 회한에 지쳐 있을 때
어떤 이가 나타나 동이 트도록
그와 씨름을 하지요
야곱이 당신과 씨름하는 것이 아니라
당신께서 야곱과 씨름하셨습니다
당신이 시작하신 씨름은
옛 야곱의 패배로 끝납니다
야곱은 약속의 말씀을 붙잡고
당신께서 복을 빌어 주실 때까지
떼를 썼습니다
마침내 이스라엘이라는
새 이름을 얻었습니다
야곱의 생의 전환점을 이룬

고통과 투쟁의 밤을 기념하는
새 이름이었습니다
새 사람이 되어 새 이름을 받는
최상의 축복을 받습니다

하나님,
그런데 야곱은 당신을 뵈옵고도
죽지 않았습니다
당신을 뵈오면
사람은 살 수 없는데 말입니다
베델에서 만난 하나님은
꿈 속에서였지만
얍복나루에서의 만남은
생시였으니
당신의 얼굴을 뵈온 것은
복 중의 복입니다
야곱은 엉덩이뼈가 어긋났으므로
절뚝거리며 브니엘을 떠납니다
승리에 부풀어 있으면서도

겸손하게 된 야곱은
떠오르는 햇살을 받으며 걸어갑니다
승리한 자의 몸에 박힌
회심의 흔적이 역력합니다
야곱이야말로 만사형통의 복을 받았습니다
죄 문제가 해결된 후
당신의 것이 되는 복까지 누렸습니다
당신은 이스라엘이 된 야곱을
비로소 당신의 것으로 삼으십니다
집요함과 끈기
그리고 약속을 믿는 믿음은
참으로 본받을 만하군요

끝내 하나님의 복을 받아내야 산다는 일념으로
엉덩이뼈를 다치고
다리를 절면서도 승리하다니요!
야곱의 승리일 뿐 아니라
당신의 승리가 되었습니다
저희도 마침내 야곱처럼
당신의 것이 되는 지복을
누리게 해 주십시오 †아멘

성 | 경 | 찾 | 아 | 보 | 기

 창

15:1-7 p. 108
32:23-33 p. 136

 레

25:10 p. 92

 신

10:12-19 p. 83

 삼상

2:1 p. 27

 시

18:25-27 p. 10
23:5-6 p. 125
26:8 p. 111
42:4 p. 79
42:9-11 p. 52
90:12 p. 120

마

5:13 p. 99
13:10-17 p. 31
20:1-16 p. 103
23:1-12 p. 22

 막

5:35-36 p. 95
14:22-25 p. 88

143

요

3:5-8 p. 47
16:33 p. 70
16:5-15 p. 60
20:2-23 p. 44

갈

3:28 p. 92

엡

3:14-19 p. 18

빌

2:1-3 p. 13

행

2:1-13 p. 39
2:1-4 p. 34

살전

5:16 p. 65

롬

8:14-17 p. 56

딤전

1:15-17 p. 131

고전

11:23-29 p. 74
13:7 p. 116